Forventet at du taler? Forpligtet til at tale? Ønsker du at tale?

60 MINUTTER

TIL BEDRE

AT TALE OFFENTLIGT

KEVIN ABDULRAHMAN

"TALE COACH FOR STJERNER"

60 MINUTTER TIL BEDRE AT TALE OFFENTLIGT

De fleste kræver ikke

Hurtige Resultater.

Jeg Gør.

OM FORFATTEREN

Tale Coach for stjernerne.

Kevin Abdulrahmans lange liste med klienter, inkluderer skuespillere, medarbejdere af foreninger, ambassadører, bestyrelsesmedlemmer, administrerende direktører, fuldmægtige, ledere, entreprenører, chefer, autoritative ledere, partnere, præsidenter & kongelige.

FORORD

Den bedste investering du kan gøre, er at investere i dig selv.

Som en international taler og ambassadør kan jeg fortælle, at vigtigheden af at tale med indvirkning, er unægtelig.

Jeg har kendt Kevin i adskillige år. Han er berømt for sin evne til at optræne *verdensledere* i kravene om kommunikation og offentlige taler.

Hans underliggende styrke og egenskaber, er hans evne til at forbinde og overføre det han ved, over til andre.

Jeg nød at læse hans bog, da Kevin altid har været god til at gøre sine lektioner i offentlig tale sjove og ligefremme. I et af hans kapitler taler han om at 'male billedet', og ud fra personlig erfaring, kan jeg fortælle, at alene hans idé har gjort en stor forskel for de taler jeg giver til mine publikummer i hele verden. De største individer, professionelle og ledere bliver ofte husket, på grund af deres evne til at tale med indvirkning.

Væk er de dage, hvor du kunne gemme dig bag dit skrivebord.

Hvis du gerne vil tages seriøst, få økonomisk støtte til et projekt, overbevise dine teammedlemmer, lede med indflydelse og tale for at blive hørt, har du brug for at finpudse dine tale egenskaber.

På denne dag og tid, vil det enten forventes eller være forpligtet, at du taler. Som Kevin nævner, *du kan ikke undgå at tale offentligt.*

Kevin har taget et seriøst (og frygtet) emne, og leveret en letlæst (og gennemført) guide. Alle kan blive bedre, levere bedre og føle sig bedre - på 60 minutter.

Sådan lyder Kevins befaling angående emnet om at tale offentligt, som han var i stand til at formidle på en meget sigende måde, helt simpelt.

Det alene, taler til hans fordel.

Når du læser denne bog, vil du vide hvad jeg mener.

Hvis du har brug for en lynguide til at tale bedre, og hvis du er tidspresset, så er denne bog lige noget for dig.

60 minutter er alt hvad du behøver for at blive bedre til at tale offentligt.

Mærk dig mine ord. Dette vil blive en af de bedste investeringer du nogensinde kunne gøre i dit liv.

Hans Excellence Sheikh Mohammed Bin Abdullah Al Thani,
"Den Første Qatari der Toppede Everest"

DEDIKATION

Kun du kan få den sande værdi frem af de skrevne ord.

Lær, anvend, og fortsæt altid med forbedre din evne til at tale.

Du er en del af denne bog, ligesom denne bog vil blive en del af dig.

ANERKENDELSER

Denne bog er skrevet med kærlighed. Destillerede dråber fra de titusinde timer, der er brugt på at arbejde med nogle af de mest magtfulde personer, autoritative ledere og inspirerende tænkere, rundt omkring i verden.

At nævne jer alle, ville kræve sin helt egen bog. Jeg står i evig gæld til jer, og jeg er taknemmelig for den tid vi har tilbragt, og stadig tilbringer sammen.

I er inspirationen og summen af hvad denne bog tilbyder i dag.

For at dette koncept kunne lykkes, var en længere udelukkelses proces nødvendig.

Meget var nødt til at blive skåret væk, for at gøre plads til de mest anvendelige teknikker.

HVAD ER OFFENTLIG TALE?

Hvis du har i sinde at kommunikere en bestemt besked ud til en gruppe for at opnå et ønsket udfald, så taler du offentligt, derfor offentlig tale.

Uanset om du ønsker at påvirke bestyrelsesmedlemmer, lede et personalemøde, tale til din forening, repræsentere din virksomhed som ambassadør, levere en prædiken, præsentere dit projekt, er det krævet at du stiller dig op og taler.

I denne konkurrenceprægede verden, ved kloge og succesfulde personer, at deres evne til at tale er en *kritisk* egenskab.

Nogle indser det før, andre senere.

Alle når til den samme konklusion - man kan ikke undgå at tale offentligt.

At tale offentligt, er et must for enhver person, professionel og leder - uanset hvad du er til.

Der er efterspørgsel på alle personer og på alle niveauer, til at kommunikere effektivt.

Jeg har været rundt omkring et par gange.

Jeg har været vidne til alt for mange personer der stiller sig op og taler dårligt. Nogle aflyser med succes deres mulighed for at tale, mens andre går så langt som at lave andre aftaler på præcis de samme tidspunkter hvor der er brug for dem, bare for at undgå at skulle tale i så lidt som to minutter.

Måske har du betragtet offentlige taler, som noget du kunne leve foruden. Eller måske ligesom mange andre, er du fokuseret på dit arbejde der indtil nu, har været en overset egenskab.

Du er ikke alene.

Størstedelen af befolkningen er utryg ved deres evne til at tale offentligt.

De tror på, at de kan gøre det bedre.

Udfordringerne ved at tale offentligt er ikke noget du kan sove dig fra, gå udenom eller håbe på forsvinder. Det gør de ikke.

Så, det er bedst at vi behandler dem på den nemmeste og mest effektive måde enhver udfordring bliver behandlet på og besejret - lige på.

"Den eneste vej ud af et problem, er at gå igennem det"

Anonym

HVAD ER DIN VIRKELIGHED?

i)   Du har aldrig tænkt på at tale offentligt.
ii)   Du har haft travlt og har aldrig nået det.
iii)   Du har købt masser af bøger, men aldrig læst dem.
iv)   Du er i en stilling hvor folk forventer at du taler.
v)   Du har en forpligtelse til at tale. Du kan ikke bakke ud af det.
vi)   Du vil gerne blive en god offentlig taler.

I dag har vores rådgivende kontrakter med private virksomheder og offentlige organisationer, dedikeret hovedparten af det til kommunikationstræning på alle niveauer.

Tophold vil have *alle* deres folk, lige fra sælgere og mellemledere til deres c-niveau overordnede, bestyrelsesmedlemmer og direktører, til at tale med *indvirkning*.

Hvorfor? Fordi,

Din evne til at præsentere med kraft og tale med indvirkning, vil afspejle hvordan dit publikum vil opfatte *dig*, dine værdier, dine produkter, dine services, din virksomhed, dit brand, og i sidste ende din troværdighed og kompetence.

Men det VED du allerede!

PÅ EN SKALA FRA 1 TIL 10

HVORDAN HAR DU DET MED DIN EVNE TIL AT TALE OFFENTLIGT?

1   2   3   4   5   6   7   8   9   10

Ikke så selvsikker   Fuldstændig selvsikker

(Hvis 10, du burde ikke læse denne bog)

"Alle de store talere var dårlige talere, til at begynde med"

Ralph Waldo Emerson

INDLEDNING

Jeg skrev denne bog uden hensyn til forlæggere, distributører eller forhandlere.

Den er kun til dig, den person der gerne vil blive bedre til at tale offentligt.

Som komikeren Tina Fey skrev om det hun samlede op fra hendes 'Saturday Night Live' chef, Lorne Michaels, "Udsendelsen starter ikke fordi den er klar; den starter fordi den er *elleve tredive*."

Du leder efter noget kortfattet og omfattende.

Der er en bestemt grund til at du har samlet denne bog op.

60 minutter er alt hvad du har.

Dit hoved arbejder på højtryk, fordi du har udskudt din tale/præsentation/meddelelse til sidste øjeblik.

Alligevel har du brug for at gøre en forskel.

Du vil gerne have nogle kraftfulde tanker og teknikker at udføre øjeblikkeligt.

Jeg har arbejdet hårdt for at hvert inkluderet ord (og de titusinder kasserede) reelt vil hjælpe dig med din offentlige tale *øjeblikkeligt.*

Jeg har samlet bogen, så du kan bruge den som en henvisning (overleve og trives) hver gang du skal holde en tale.

Jeg vil gerne have dig til at *nyde* at tale offentligt, som jeg har lært tusindvis af andre på mine seminarer rundt omkring i verden at gøre - på en afvæbnende og afslappet måde.

Tankerne og teknikkerne er *enkle* at udføre, og alligevel *betydningsfulde* for den forskel de vil bringe til dine resultater.

Hvis du føler at du nærmer dig lukketiden elleve tredive, fortvivl ikke, *jeg har dig!*

60 minutter til bedre at tale offentligt, vil hjælpe dig med at blive bedre til at tale offentligt.

Det er mit løfte.

Disse teknikker har virket for præsidenter.

Det vil virke for dig.

Dine 60 minutter begynder NU!

1. LYT TIL MOR

Du føler dig måske utryg ved tanken om at holde tale.

Nervøs, stresset, anspændt, stiv i nakken, hæs i halsen, tør i munden, måske overvejer du endda at melde dig syg (jeg har set det ske alt for mange gange) på grund af en forestående tale forpligtelse.

Da jeg var barn fortalte min mor mig altid dette,

"Kevin stop. Træk vejret dybt og langsomt ti gange. 10, 9 , 8, 7, 6, 5, 4, 3, 2, 1. Okay, gå nu ud og erobre verden".

Jeg ved hvad du tænker.

Jeg tænkte det samme.

Hvad har vejrtrækning at gøre med at komme af med min nervøsitet ved at tale?

Uden at komme for meget ind på videnskab, når du stopper og tager ti lange og dybe vejrtrækninger, vil dine lunger og hjerne blive fyldt med mere ilt.

Du vil også mærke at alting bliver langsommere (ligesom på film) og du begynder at føle dig afslappet.

Sørg for at trække vejret helt ned i dit mellemgulv (området lige under din brystkasse). En god dyb vejrtrækning vil få din mave til at bule ud, som hvis du havde spist en hel uges middage på en gang.

Min mor er nu din mor, hvilket betyder at vi er nødt til at lytte til hende.

Tag ti dybe vejrtrækninger.

Det vil tage dig mindre end 2 minutter.

To minutter der vil gøre hele forskellen.

"Himlen over mig, jorden under mig, ilden indeni mig."

SKYRIM

2. HEMMELIGHEDEN ER SLUPPET UD

Jeg har hjulpet titusinde klienter fra alle samfundslag, ved at fortælle dem en hemmelighed.

Vil du gerne vide hvad det er?

Kom tættere på, så jeg kan fortælle dig hvad jeg fortæller dem.

Hav det *sjovt*.

Du siger, "Kevin jeg er intellektuel. Jeg er nødt til at tale om noget der falder ind i den kedelige, men vigtige kategori".

Jeg vil stadig fortælle dig det samme - Hav det sjovt.

De fleste, dig selv inklusiv, har glemt alt om menneskers medfødte evne og lyst til at have det sjovt.

Du yder dit bedste når du har det sjovt, og ærligt talt, jeg er ligeglad med hvor seriøs du end er, du ved hvordan man har det sjovt. Det vidste du i det mindste på et tidspunkt i dit liv.

Fortæl mig, hvornår har du sidst deltaget i et foredrag, seminar, mediepresse, erhvervsarrangement eller konference med den frivillige intention at *kede dig ihjel?*

Det har du ikke.

Tro mig når jeg siger, at dit publikum (hvad omstændighederne end måtte være) ikke er forskellig fra du og jeg.

De vil ikke kede sig og lulles ind i koma.

De ville *elske* at nyde og engagere sig i, at høre din tale (selv hvis det er om et seriøst emne).

At have det sjovt, er en holdning.

Når du vælger denne holdning, vil du lære mere, stræb efter at rense dine tanker, saml dit bedste arbejde sammen, finpuds dine færdigheder endnu mere i at tale offentligt, og tag dristigt imod enhver lejlighed du får for at præsentere.

Når du har det sjovt, vil dit publikum blive meget mere modtagelige for dine tanker, idéer og forslag.

Når du har det sjovt, vil dit publikum se dig som karismatisk, behagelig, selvsikker og kommanderende.

Fortæl mig nu at du ikke ønsker alt det?

Selvfølgelig gør du det.

3. DET ER IKKE SÅ SLEMT

Her er et andet spørgsmål jeg stiller mine klienter.

Hvad er det værste der kan ske som et resultat af din offentlige tale?

Jeg vil gerne have dig til at skrive dette ned.

I de fleste tilfælde får alle lov til at leve endnu en dag.

Hvis det ikke er, er det en urealistisk løsning for dig, at læse denne bog og forvente svar.

Hvis det ikke er livstruende, så slap af.

"Selv hvis du falder på

hovedet, bevæger du

dig stadig fremad"

Robert Gallagher

4. BLOT EN TANKE

Du bekymrer dig sikkert over hvad dit publikum vil tænke, når du stiller op for at formidle dit budskab.

Lad mig fortælle dig hvad de ikke vil tænke.
 "Hahaha se hende der. Hun er så nervøs. Fjols."

Det de vil tænke (99.99% af tiden) er,
"Pyha, godt det ikke er mig der stå deroppe".

"Hvis du går gennem helvede,

så bliv ved med at gå"

Winston Churchill

5. SKAB DET RETTE FOKUS

Når du bliver bedt om at levere en tale, taler mange ofte om hvor gode de er, hvad deres virksomhed handler om og den imponerende række af produkter eller tjenester de kan tilbyde.

STOP!!!

Du taler måske, men undgå at begå den fejl, ved at levere en tale der er fokuserer på dig (og det du repræsenterer).

Hele din besked er nødt til at fokusere på et simpelt livsprincip 'HFJUAD' - Hvad Får Jeg Ud Af Det.

Hver gang du udfører dit budskab, så spørg dig selv, "Hvad får mit publikum ud af det"?

Hvis du har en baggrund som sælger, så vil du vide at folk ikke køber egenskaber (forkert fokus).

De køber fordele (rigtigt fokus).

Det handler ikke om hvor god du eller din gruppe er, det handler om hvordan publikum kan drage fordel af, det du har at tilbyde.

Tag altid højde for dette kritiske element.

Skab fokus inden du siger det.

"Målet med effektiv kommunikation er at få lytterne til at sige 'Også mig!' i stedet for 'Og hvad så?'"

Jim Rohn

6. FRYGT OG DIG

Nogle almindelige frygter, som de fleste oplever i forbindelse med at tale offentligt:

Frygt for det ukendte

Frygt for afvisning

Frygt for at fremstå som dum

Frygt for at blive udelukket

Frygt for tidligere uheld

Frygt for misforståelse

Frygt for at gå i sort

Frygt for at fremstå som inkompetent

Frygt for at fremstå som unaturlig

Frygt for ikke at være vellidt eller elsket

Overfør det jeg deler i denne bog, og hver og en af disse frygter vil sprede sig som tynd luft.

Din fortid er ikke din fremtid.

Og hvad så hvis du laver en fejl når du går op og taler?

Det sker for selv den bedste.

Alle disse ængstelser stammer fra tidligere oplevelser, andres oplevelser og en ukorrekt henvisning - *dig.*

Lad os tage fat i det.

"Jeg må ikke frygte.

Frygt dræber sindet. Frygt er dødens forløber, der medfører den totale udslettelse.

Jeg vil gøre front mod min frygt.

Jeg vil tillade den at gå forbi mig og igennem mig. Og når den har passeret, vil jeg vende mit indre øje mod dens vej.

Hvor frygten gik, vil intet være.

Kun jeg vil være tilbage."

Frank Herber

60 MINUTTER TIL BEDRE AT TALE OFFENTLIGT

7. HVORFOR SÅ SERIØS?

Så du skal levere en tale?

Hvorfor så seriøs?

Hvis du er nervøs, så har du blandet tingene sammen.

Du tror det handler om dig.

Nyhed! Det handler *ikke* om dig.

Det handler om dit publikum.

Dit job er at levere et budskab.

Dit job er at interessere dig for dit publikum.

Interesser dig nok til at sikre, at dit publikum modtager det egentlige budskab.

Har du nogensinde gået en tur og oplevet at en fremmed smilte til dig?

I de fleste tilfælde ville det mest naturlige være, at gengælde smilet.

Det er en menneskelov med et kraftfuldt udfald og en enkel anvendelse.

Loven om *gensidighed* siger, at vi som mennesker er tilbøjelige til at gengælde det vi modtager.

Folk er ligeglade med hvor meget du ved, indtil *de ved hvor meget du interesserer dig.*

Vi kan lide dem, der kan lide os.

Vi elsker dem, der elsker os.

Vi interesserer os for dem, der interesserer sig for os.

Du skal lede længe for at finde en du kan lide, som ikke kan lide dig. Hvis du kan, tillykke med det, men der er ikke så mange af dem.

Interesser dig for dit publikum.

De vil kunne mærke det, sætte pris på det og så vil de gengælde denne følelse og interessere sig for at lytte til dig.

8. SÆT NYE ORD PÅ DINE FØLELSER

Tænk på den første gang du var på date.

Spændt. Nervøs. Ængstelig. Hjertebanken. Sommerfugle. Nogle eller alle de nævnte.

Men du satte *positive* ord på det!

Du kontrollerer de ord, du giver dine følelser. Hver gang.

At tale offentligt er ikke anderledes. Sæt nye ord på dine følelser.

Ubrugelige ord	Nye positive ord
Ængstelig	Godt. Du er i live
Flipper ud	Spændt
Nervøs gøre dit bedste..	Du er en rockstjerne. Dit job er at
Frygtsom sjovt.	Ja, jeg skal have en baby. Det bliver
Søvnløs	Godt. Mere tid til at øve.

De bedste talere bruger tankespil.

Det virker for dem.

Det vil virke for dig.

"Vend dit ansigt mod solen og skyggerne vil falde bag dig"

Maori talemåde

9. FORSTØR DINE KONKURRENTER

Hvis dette var en kedelig boksering, ville du stå overfor en ubesejret konkurrent, der har to gange så stor udstrækning, er tre gange din størrelse, og nå ja, det var jeg ved at glemme, betragtes som verdensmesteren. Held & lykke!

Det er rimeligt at sige, at du ikke vil vinde den kamp.

God nyhed. Du er ikke i en boksering.

Dårlig nyhed. Din konkurrent er meget hårdere end det jeg lige beskrev.

Når du taler, er du oppe imod det, der stadig anses for at være den mest kraftfulde maskine i menneskets historie.

Du kæmper ikke mod en smartphone eller en tablet.

Du kæmper mod det mægtige *sind.*

De fleste taler i gennemsnit mellem 120-180 ord i minuttet. En skildpadde fart, hvis vi sammenligner det med de 400+ ord som hjernen kan bearbejde i minuttet.

Betydning: Hvis du leverer en kedelig, almindelig eller svag præsentation, vil I (dig der taler og dit publikums sind) indenfor få minutter, være milevidt fra hinanden.

"Det største egentlige problem i
kommunikation, er *illusionen* om at den
har fundet sted"

George Bernard Shaw

Som om det ikke var nok så har jeg endnu en dårlig nyhed til dig.

A.D.H.D blev engang beskrevet som en klinisk betegnelse til at sætte ord på de rastløse.

Takket være bip, tweets, ping, ring og mentale ding, kan jeg sige, at alle i dag lider af A.D.H.D (med undertegnede på toppen af den liste)

Hvad er det for en brutal sammenligning?

Løsning:

Vær skarp.

Vær præcis.

Hvordan?

Læs videre.

10. TEGN MÅLLINJEN

Der er gode chancer for, at du er en ekspert på det område du skal tale om.

Det betyder, at du højst sandsynligt kan tale om dit emne uafbrudt i ugevis.

Intuitivt tænker du *godt*.

Nej. Det er ikke tilfældet.

Dit publikum vil ikke give dig minutter af deres tid, slet ikke en hel uge.

Dit publikum har andre vigtige ting i livet at tage sig af.

De har ikke tid til sladder.

Hvis du er *ufokuseret,* vil du ikke engang få et minut.

De fleste overvejer at forme deres budskab fra begyndelsen.

Det lyder måske rigtigt. Men det er det ikke.

To vigtige spørgsmål er ubesvarede, og resulterer i at en person bliver frustreret og sat fuldstændig ud af kurs over for deres publikum. Problemet - der er ingen ende i sigte.

Du er nødt til at begynde med at tegne din mållinje.

Svar på disse to spørgsmål,

Hvad er formålet med at skulle tale?

_____

Hvad vil du have dit publikum til at huske (eller gøre), når de har hørt dig tale?

_____

Du må forstå, at du nok har svært ved at formulere et gyldigt svar til at begynde med. Men du *skal* presse dig selv, indtil det bliver krystalklart.

Dette er fokuspunktet, hvorfra du etablerer en tydelig fornemmelse for retningen.

Overvej dette. Du er ved at forlade dit kontor og sætte dig ind i din bil. Det spørgsmål du med succes ville have besvaret på et tidspunkt inden du startede bilen, ville være en udgave af *"hvor skal jeg køre hen?"*

Så jeg beder dig om, at stille det samme spørgsmål om din tale.

Hvor kører du hen med din tale?

Hvor kører du dit publikum hen?

Først når du har etableret en mållinje, kan du starte.

11. LAD DET STORME

Slå dig løs.

Skriv *alle* dine tanker ned på papir.

Skriv over det hele.

Skriv det, selvom det ikke giver mening.

Skriv uden redigering.

Skriv frit.

Skriv i overflod.

Skriv som om du ville få endnu en levetid.

Skriv alle de ting du kommer i tanker om.

Hvis tiden tillader det, så tag en pause. Måske når du handler ind senere på dagen, vil der komme mere. Det gør der altid. Så sæt dig igen og skriv.

Skriv indtil du er helt udmattet.

Når du skitserer og skriver din tale ned, har du min tilladelse til at brainstorme frit.

Dette er stedet og sikkert den eneste tid, hvor du vil træne din frihed til at nedskrive noget volapyk.

Advarsel: De fleste professionelle leverer deres taler på dette niveau, og undrer sig over hvorfor deres publikum sidder med et tomt blik og er gået i koma.

DET VIL DU ALDRIG GØRE.

"Hver taler har en mund;
Et temmelig pænt arrangement.
Sommetider er det fyldt med visdom.
Sommetider er det fyldt med jord."

Robert Orben

12. EN SMERTEFULD PROCES

Når du er færdig med at brainstorme alle dine gode ideer, tanker, historier, analoger og eksempler, kommer sorteringsprocessen.

Det er sjovt til at begynde med, men jo mere du er nødt til at fjerne, jo mere smertefuld bliver processen.

Hvis det er i tråd med dit formål, så bliver det.

Hvis ikke, *væk* med det.

Alle synes, at deres tanker er gode (og det kunne de godt være), men dit publikums sind er *nådesløst.*

Desværre har du ikke den luksus, at være følsom omkring dit indhold.

Hvis du keder eller forvirrer dit publikum, vil de ignorere dit budskab.

Der er ingen ekstra chancer.

Denne bog var oprindeligt på 500+ sider (allerede redigeret).

Forestil dig hvilken grusomhed der måtte til, for at levere en 60 minutters komprimeret udgave.

Hvis jeg skal tale i ti minutter, har jeg brug for en uges forberedelse;

hvis femten minutter, tre dage;

hvis en halv time, to dage;

hvis en time, så er jeg klar nu.

Woodrow Wilson

Du må forstå, at jo mindre tid du har til at levere dit budskab, jo hårdere *må* du arbejde.

Nu har jeg fået dig til at tænke.

"Hvad skal blive? Hvad skal væk?"

Jeg troede aldrig du ville spørge.

13. SKAL JEG BLIVE ELLER SKAL JEG GÅ?

Du vil komme ud for at skulle fjerne store dele og stykker.

Spørgsmålene du skal stille, er

1. Hvad er formålet med at stå frem og tale?
2. Er dette punkt i tråd med det udfald jeg gerne vil opnå?
3. Passer det?
4. Flyder det? (jeg kommer nærmere ind på det om lidt)

I mange tilfælde, når jeg arbejder med klienter, har vi fjernet så meget godt materiale, at de brugte det kasserede indhold til at forberede et par andre taler ud fra det. De lagrede dem i deres reserve bank til senere brug. Du kan gøre det samme.

Sommetider ser dine fakta, tanker og ideer gode ud til at starte med, men så lyder de bare ikke rigtigt. Eller måske passer det ikke med formålet.

Hvad gør du så?

Sletter.

Bliv ved med at fjerne alt det overskydende fedt fra kroppen, indtil stykket, talen, præsentationen eller meddelelsen bliver en slank og muskuløs maskine, der er klar til at klare den hårde konkurrence.

"Hvis du ikke kan forklare det enkelt,
forstår du det ikke godt nok."

Albert Einstein

14. EDWARD HVEM?

Edward Everett bliver sjældent husket som en hovedtaler.

Husker du ham?

Vær ikke bekymret. Gennem årene er det kun omkring 5% af mine seminar deltagere der har hørt om ham.

I 1863, var Edward en hovedtaler. Han talte i mere end to timer.

Så hvad er der så specielt ved ikke at huske Edward og hans to timers tale?

Fordi du sikkert har hørt om den anden mand, der talte efter ham - Abraham Lincoln.

Han *var ikke* hovedtaler den dag.

Han havde ikke de to timer som Edward Everett havde.

Alligevel, selv den dag i dag, bliver Abraham Lincoln husket for den ikoniske *Gettysburg tale.*

Længden af hans tale?

To minutter. 10 sætninger. 272 ord.

15. FÅ DERES OPMÆRKSOMHED

"God eftermiddag damer og herrer.

Tak fordi i ville komme. I dag vil jeg...."

Start med dette, og dit publikums sind modtager signalet (fordi de allerede ved hvad der er i vente, ud fra deres pinefulde erfaring)

a. Det her bliver KEDELIGT!!!
b. Hvorfor er jeg her? Jeg har så meget arbejde der skal indhentes.
c. Hvad ser mest behageligt ud? Skal jeg læne mig til venstre eller højre for at falde i søvn.

Du har mistet forbindelsen på grund af din introduktion.

Hvis du ikke kan fortrylle dit publikum fra begyndelsen, har du ingen chance for at levere et godt budskab (ligemeget hvor god du er).

Folk i dag er mentalt optagede, stressede og udmattede.

Dit publikum vil normalt være (og tag det ikke personligt) distræte, stressede omkring deres arbejdsbyrde, traumatiseret over deres voksende e-mails, børnene, hvad de skal lave til aftensmad, du kan vel forestille dig det.

Hvad de ikke har brug for, er en anden person der prøver at fylde i deres hoved.

Hvis du går i gang som alle andre gør, synger du bare en vuggevise - *Goddag Koma!*

Du skal måske tale for fuldt hus. Husk på at det kun er et hus fyldt med kroppe.

Huset er mentalt tomt.

Din opgave, er at føre publikum mentalt ind i rummet.

Få deres opmærksomhed.

"Hvordan gør jeg så det?", hører jeg dig spørge.

"Et roligt hav giver ikke dygtige sejlere"

Afrikansk talemåde

16. START ANDERLEDES

"Jeg tror min karriere lige er toppet" var Colin Firths første ord, da han modtog en Oscar for sin fortjente rolle i Kongens Store Tale.

Du kunne komme med en overraskende kendsgerning, der måske ikke er almindelig kendt, for at få folks opmærksomhed. For eksempel kunne du være i luftfartssektoren og skal holde tale om et bestemt emne - sikkerhed.

"Vidste du, at sandsynligheden for dødsfald er 8 gange større når du kører, end når du flyver?"

Dit emne er måske kedeligt.

Dit emne er måske vigtigt.

Men du har ingen ret til at bruge det som grund til at bedøve dit publikum.

Vær kreativ.

Start fra midten af rummet.

Start bagfra.

Start med at fremhæve et dilemma.

Start med en kendsgerning.

Start med indtryk.

Start med et citat.

Del en anekdote.

Start med en distraktion (men relevant for din pointe).

Del og vis din pointe gennem en handling.

Forestil dig, at du møder op til et arrangement og aftenens taler, for at illustrere sin pointe, har besluttet sig for at have sin pyjamas på.

(hvis du ikke allerede har set det, så gå online og Google 'Leadership Speaker Pyjamas')

Væk dit publikums sind.

Få deres opmærksomhed, ellers kan du lige så godt gå hjem.

"Enhver der bytter frihed for sikkerhed, fortjener ingen af dem"

Benjamin Franklin

17. DET IMPONERER MIG IKKE RET MEGET

Alt for ofte går taler og pressemeddelelser galt, fordi taleren synes at dette er tidspunktet til at pudse deres eget ego.

Jeg har set professionelle misbruge deres taletid til at vise sig med deres evner, deres ordforråd, komplekse scenarier og smarte præsentationer.

De taler så meget volapyk, angiveligt fordi de vil virke kloge.

Lad mig fortælle dig en ting, der er intet klogt ved denne tilgang.

Alt hvad det gør, er at forringe dit *formål* som taler.

Dit slutspil er ikke at imponere dit publikum.

Dit formål er at *levere* dit budskab.

Gør det, og dit publikum vil blive imponeret.

Det er måske 'fremvisning' for dig, men det er *ikke* tiden til at vise sig.

Dette er tiden (en meget begrænset en) til at levere dit egentlige budskab med klarhed, formål og indvirkning.

Tal ikke volapyk.

Brug ikke fremmedord (medmindre det er et publikum udelukkende bestående af folk der forstår disse fremmedord).

Ordforrådet du bruger, skal ikke formes til at imponere folk (du burde blive rapper, hvis det er det du ønsker).

Bliv ikke smart.

Hold det enkelt.

Lever dit budskab med en enkelhed som et barn på 9-10 år ville kunne forstå.

Som alle store talere, forstod Winston Churchill kraften af enkelhed.

Da han leverede sin berømte oktober tale i 1941, valgte han et hovedbudskab og leverede det,

"Giv aldrig efter. Giv aldrig efter. Aldrig. Aldrig. Aldrig"

Et hovedbudskab der blev gentaget om og om igen.

Skarpt.

Lige på.

Det er sådan du leverer med indvirkning.

Du *vil* være imponerende.

"Tænk som en vis mand, men kommunikér med folkets sprog."

William Butler Yeats

18. LAD DET FLYDE

Har du nogensinde stirret på en flod?

Den flyder bare. Ubesværet. Smuk.

Når du stiller dig op og leverer, vil jeg have at du tænker på dit budskab som en flod. Strømmen af information må give ubesværet mening.

Jeg har set folk gå op og tale en vanvittig mængde nonsens, med en forventning om at det på en eller anden måde vil give mening for deres publikum.

Vågn op!

Hvis det ikke giver mening for dig, så giver det heller ikke mening for dit publikum.

Hvis det er tåget i dit sind, vil det være en sandstorm i dit publikums sind.

Hvis dit publikum skal tænke over det, har du tabt dem.

Det sidste du ønsker, er et publikum der forsøger at forstå, hvad du lige har sagt.

De vil *stoppe* med at lytte. Punktum.

Dit publikum har ikke en chance for at sætte spørgsmålstegn ved det du virkelig mener?

Dit publikum har ikke tid til at tænke på hvad du siger.

Genlæs linjen ovenover, indtil den siver ind.

Sig hvad du mener. Mén hvad du siger.

Din tale skal være en, der er *let* i dit publikums sind.

Jeg nedgør ikke publikum.

De er kloge. De er også mentalt dovne.

De vil simpelthen ikke tænke eller være nødt til at tænke.

De er nødt til at kunne følge dig med absolut lethed.

Du er den, der står.

Du er den, der leverer.

Du er ansvarlig for, at dit budskab giver mening. Ikke publikum.

Husk at floden flyder ubesværet.

Flyder din strøm af information?

"Han, som vil overbevise, skal ikke sætte sin lid til det rigtige argument, men til det rigtige ord"

Joseph Conrad

19. GØR DET TIL EN FILM

Undgå at lære udenad.

Det lyder måske skørt, da mange erfarne professionelle med stolthed kan sige, at de har lært hele deres tale, meddelelse eller præsentation udenad.

Du vil ende med at have en overfyldt hjerne, og i sidste ende spænde ben for dig selv, når det er tid til at holde talen.

Hvis du gerne vil være rolig, afslappet og fokuseret før du skal op og tale, så *aflast* din hjerne fra unødvendige byrder.

Giv dit budskab en struktur - som en tidslinje for en film.

Derefter kan du, som enhver historie eller film, visualisere og genkalde begivenhederne fordi det giver *logisk* mening.

Tænk på den sidste gang du snakkede med en ven og genoplevede en film du havde set, en ferie du havde været på eller endda hvordan du tilbragte weekenden.

Din historie havde en begyndelse efterfulgt af en række begivenheder, og en slutning.

Du fik det til at *flyde*. Kan du huske det? Floden flyder.

Du har måske genkaldt alle de små detaljer, eller du har måske glemt en eller to mindre ting.

Men du fik det til at *flyde*, fra begyndelsen til slutningen.

En enkel tidslinje kan hjælpe dig med at visualisere og sammenkoble dine tanker (med hjælp fra udløsere) fra start til slut.

Lær ikke din tale udenad. Lav den til en film.

20. GØR DET LEVENDE

Alt for mange professionelle stiller sig op og leverer deres budskab proppet med fakta og figurer.

De går ud fra at publikum er logiske skabninger.

Undskyld. Jeg hader at være den første der fortæller dig det, men vi er følelsesmæssige skabninger. Vi foretrækker livlige billeder frem for døde tal.

Hvis du gerne vil levere fakta med indvirkning, er du nødt til at male billedet i dit publikums sind.

Hjælp dit publikum med at *forstå* hvad du mener.

Fakta: *"Burj Khalifa er den højeste bygning i verden med 828m"*

Dette udsagn angiver et faktum. Men det er kun et tal.

Det kommer ikke i nærheden af at male et billede og måske sige,

"Burj Khalifa er den højeste bygning i verden. Med 828m er den på størrelse med otte fodboldbaner, der er stablet oven på hinanden."

Du er maleren, og dit publikums sind er et blankt lærred.

Fremkald deres følelser. Udforsk deres sanser.

Giv dit budskab farve. Giv det nuancer.

Giv det dybde. Giv det dimensioner.

Giv det smag. Giv det aroma.

Giv det fornemmelse. Giv det struktur.

Dit publikum kan kun se, hvad du ser, men først efter du har gjort et godt stykke arbejde, med at male billedet for dem.

"Jeg drømmer om mit maleri,
og så maler jeg min drøm"

Vincent Van Gogh

21. PROJEKT STYRKE

Umm, øhh, som, du ved, okay, faktisk...

Du skal slet ikke tænke på det.

Der er styrke i at holde pause.

Stilhed er ubehageligt for de fleste.

Brug det som dit styrke spil.

Din evne til at have et øjebliks pause uden brug af fyldord, vil hjælpe dig til at udstråle *selvtillid.*

Du vil blive oplevet som en, der er *behagelig* og i *kontrol.*

At holde pause, tillader dit publikum at absorbere og bearbejde det du lige sagde.

At holde pause, vil efterlade dit publikum hængende, og vente på at du skal levere din næste udtalelse med indvirkning.

At holde pause, er tegnsætningen som du ellers ville have brugt, hvis du kommunikerede skriftligt til din læser.

At holde pause, giver dig ligevægt.

Og oprigtigt talt, så køber pauser dig et par sekunder til at samle dig selv (hvis du har tabt tråden), og fører dig til næste punkt, med styrke.

Forestil dig det.

Pause.

"Passende stilhed er mere kraftfuld end tale"

Martin Fraquhar Tupper

22. KORT OG FIKS

Med alt hvad du har lært indtil nu, så tag endnu et kig på din tale.

Overvej hvert punkt.

Spørg dig selv, *"Hvordan kan jeg få bedre orden i den? Gøre den kortere? Give den mere gennemslagskraft?"*

Når du taler, skal dine udtalelser kun være lange af nødvendighed, ikke af valg.

Vil du gerne ses i samme lys som store talere, tanke-ledere og præsidenter?

Det kan du.

Det er sådan her, de mest stærke talere vinder deres publikum.

De bruger

    a. Korte sætninger
    b. Enkle ord
    c. Benævnelser som alle kan identificere og genkende

Kvalitet frem for kvantitet.

Mindre er mere.

"En god tale bør være som en kvindes nederdel; lang nok til at dække emnet, og kort nok til at skabe interesse."

Anonym

23. FORMIDABEL AFSLUTNING

Folk husker den *første* og *sidste* ting du siger.

Hvis dit publikum blev interviewet og spurgt om, hvad de huskede om dit budskab, hvad ville det så være?

Hvad er den overordnede grund til, at du stillede op for at tale?

Hvad er dit afgørende budskab?

Afslutningen er der, hvor du mentalt skubber dit publikum i gang.

Hvordan vil du gøre det?

Få det i hus.

Følg princippet for offentlig tale – *"Hav en kraftfuld, fængslende åbning og en stærk, mindeværdig afslutning, og forbind disse to så meget som du kan."*

Note: Hvis du har tid til at øve, så tjek de sidste to minutter af nogle af dine politiske (vel talte) favorit kampagner. Deres afslutning skulle hjælpe dig med at *forstå* deres budskab og igangsætning.

Slut af med succes.

Slut af med håb.

Slut af med et smil.

Slut af med gennemslagskraft.

Slut af med styrke.

Dine sidste ord bliver husket, gør dem værd at huske.

"Ja Vi Kan!"

Barack Obama

Kampagneslogan, 2008

24. DU ER BEDRE END DU TROR

Jeg tror på det.

Nu er jeg bare nødt til at vise det, og få dig til også at tro på det.

For det første, tro på at der er en grund til, at du blev bedt om at holde tale. Der er *værdi* i det, du har at dele med dit publikum.

Du må bare tro på det.

> "Hvis du tror du kan, og hvis du tror du ikke kan, så har du sikkert ret"
>
> Henry Ford

For det andet, bare så du ikke tror jeg er en motiverende bla bla bla type af taler, så lad mig give dig denne virkelighed, for at hjælpe dig med at styrke din tro på dig selv.

Tag en videooptager (fra bærbar, smartphone eller videokamera hvis du stadig bruger sådan et) og optag dig selv når du leverer din tale.

Du vil

a) Blive bevidst om de områder der skal finjusteres.

b) Forstå hvad jeg hjælper mange af mine klienter med at sætte pris på, når jeg kører gruppe workshops eller ene-lektioner. Som i hvert tilfælde jeg har arbejdet med, vil du bemærke at du klarer dig meget bedre end du tror.

Start nu med at optage, se og overrask dig selv med prøven.

Jeg ved det, jeg ved det. Du kan købe en kop kaffe til mig, når vi mødes. Jeg elsker også dig.

25. STÅ MED RET RYG

Fra det øjeblik du går ind i et rum, eller måske endda når du stå ud af din bil, øjeblikket hvor du bliver set, så er *spillet igang.*

Din kropsholdning (stå med ret ryg) fortæller at du er selvsikker og i kontrol.

Du må gå og i sidste ende stå med ret holdning.

Den måde du gør det på, er den struktur du giver, til det du siger.

Når du taler, så stå med dine ben en hofte-bredde fra hinanden. Nok til at du kan holde balancen. Du ønsker ikke at vakle fra side til side eller rokke frem og tilbage.

Dine skuldre skal være skubbet tilbage med dit hoved centreret, mens du ser på dit publikum.

Du står med ret ryg.

Dine luftveje er åbne, så det er nemmere for dig at trække vejret og tale.

Dette er en vinders kropsholdning.

Du etablerer autoritet, er i kontrol og ser både komfortabel og kompetent ud.

Se sådan ud.

Vær sådan.

Stå med ret ryg.

"En god stilling og kropsholdning, reflekterer en ordentlig sindstilstand."

Morihei Ueshiba

26. AFVÆBN OG FORBIND

Vidste du, at børn smiler mere end 400 gange om dagen?

Det tal bliver reduceret til et gennemsnit på kun 15 om dagen som voksne.

Når det kommer til at tale offentligt, falder gennemsnittet til kun en håndfuld, og så er jeg generøs.

Alt for mange individer er gode når jeg møder dem en og en.

Derefter stiller de sig op for at tale.

Pludselig ser de forstoppede ud (ikke et kønt syn).

Lad mig fortælle dig noget.

Før dygtighed, kommer *sympati*.

Et simpelt, surt eller forstoppet ansigt udstråler ikke sympati.

Mennesker tiltrækkes af et naturligt smil.

Vi har det godt når vi smiler (eller oplever det hos andre).

Før du har en chance for at demonstrere din dygtighed, må du vinde dit publikum. Smil giver dig sympati.

Sympati giver dig et *lyttende* publikum.

Du kan fortælle dit publikum, at du er glad for at se dem, være sammen med dem og dele dit budskab. Men du er nødt til også at lade dit ansigt vise det.

Du kan sige alt det, med et ægte og hjerteligt smil.

Du må forstå, at dit ansigtsudtryk skal passe til det du siger. Medmindre du leverer en lovprisning eller har med medierne at gøre i en krisestyrings tilstand, er smil den hurtigste måde at afvæbne og skabe forbindelse til dit publikum på.

Det er op til dig at anvende det, afhængig af konteksten af hvornår, hvor og hvorfor du holder tale.

Det koster dig ingenting at smile, men det køber dig umålelig velvilje.

Du vil få størstedelen af dit publikum til ikke at gå.

Smil er et våben. Brug det.

"Dit smil er en budbringer af din velvilje"

Dale Carnegie

27. BEVÆG DIG MED FORMÅL

Stå ikke bare bag talerstolen (medmindre du leverer en offentlig meddelelse der bliver udsendt til hele verden).

Gem dig ikke bag ved ting. De vil ikke redde dig.

Bevæg dig ikke uden et formål. Dit publikum vil gå derfra med angst og ar.

Lad være med at spekulere og vakle. Ellers vil de ringe efter en ambulance.

Vær ikke limet fast på et sted. Så vil du gå i et med møblerne.

Husk at dit publikum ikke har en ret stor udstrækning af opmærksomhed.

Når du har fået deres opmærksomhed i starten, skal du fortsætte med at holde deres opmærksomhed.

Du er nødt til at engagere dem med alt hvad du har.

Brug den plads du har.

Afhængigt af situationen, er du måske i stand til kun at bevæge dig på tværs af et niveau (såsom en scene), i så fald har du *venstre, midten og højre*.

Hvis det var i et rum, kunne du udnytte hele rummet.

Bevæg dig. Men kun for at gøre det med et formål.

Bevæg dig hen til en side af rummet og levér din pointe.

Så kan du signalere dit næste punkt ved at foretage en ny bevægelse.

Dette vil engagere publikum, hjælpe dig med at dække rummet, og endnu vigtigere, at hjælpe dig med at levere dit budskab med indvirkning.

Meget bedre end en stiv 'bag talerstolen'-type, er du ikke enig?

"Du kan have strålende ideer, men hvis du ikke kan videreføre dem, vil dine ideer ikke rykke dig."

Lee Iacocca

28. TEGNSPROG

Fagter er bydende nødvendige for at overbringe dit budskab. Men igen, med formål.

Dask ikke med armene som om du har et anfald eller forsøger at lande 3 fly på en gang.

Hold dine arme over din talje.

Dine fagter er tegnsprog. Det er nødt til at være *i tråd* med dit budskab.

Dine hænder bør kun bevæge sig, når du skal understrege en pointe.

Hvis du siger at den er *stor*, så vær sikker på at dine fagter reflekterer 'stor' og ikke andet.

Jeg beder dig, vær sød ikke at gøre noget, fordi du så en offentlig person gøre det.

Magt opstillingen er en magt opstilling for dem der gennemfører det naturligt. Det er ikke en opstilling du skal holde i ti minutter fordi du *tror* det udstråler magt.

Du vil ikke kun ligne en krøbling, du vil også fremstå som *falsk.*

Dit publikum vil ikke have falsk.

De vil have en pålidelig taler.

Pålidelighed er det, der giver dig dit publikums respekt.

Vil du gerne fremstå som magtfuld?

Tag et par fagter fra præsidenter og store talere, find ud af hvilke der ville passe til din personlighed, og brug dem som en del af dit repertoire. Du vil måske gå efter Obamas *C-hånd fagt* eller Donald Trumps brug af *tårnspiret.*

Uanset hvad du vælger, skal det virke naturligt for dig.

"Intet forhindrer en ting i at være naturlig, mere end at anstrenge os selv til at få det til at se sådan ud."

Francois de La Rochefoucauld

29. VÆR MAGNETISK

De er dragende. De er karismatiske. De er charmerende. De er gådefulde. De har et unægteligt nærvær.

Der er noget ved dem.

De kræver opmærksomhed.

Disse er nogle af de tiltrækkende egenskaber, folk bemærker hos store talere.

Vil du gerne blive mere karismatisk?

Vil du gerne kunne kræve nærvær?

Hvad hvis du kunne være Magnetisk?

Let nok.

Se op. Få øjenkontakt.

Mange begår den fejl, at stå op og kigge ned.

Andre kigger på alt andet end det der betyder noget - *publikum.*

Jeg ved, du måske tænker, *"Men Kevin, det er overvældende at se op på et publikum med 5, 50, 500 eller 5000 personer".*

Slap af. Vi skal bare sætte nye ord på det.

Du skal ikke holde en tale for fem hundrede personer.

Du skal tale *en til en,* fem hundrede gange.

Nedbryd dit publikum mentalt, til 6 afdelinger, afhængigt af rammerne.

Bagerst Venstre   *Midten*
          Bagerst Højre

Foran Venstre   *Midten*
          Foran Højre

Hver gang du kommer med en pointe, så se i retning af en af disse afdelinger.

Vigtigere endnu, se efter et ansigt der er engageret i hvad du siger.

Se dem i øjnene og levér din pointe.

Tal som om du ville tale til dem enkeltvis.

Når det er tid til at komme med din næste pointe, så se mod en anden afdeling, vælg et ansigt, se dem i øjnene og levér din pointe.

Du vil opleve at skulle igennem afdelingerne nogle få gange, og hver gang, har du haft en en til en samtale med en fra dit publikum.

Pludselig bliver de enkeltvise til et godt stykke af dit publikum.

Fordele:

Du skaber en til en forbindelser.

Du får beundrende fans i dit publikum.

Du arbejder med dit publikum gennem involvering.

Skab en til en forbindelse ved at se folk i øjnene, fastholde blikket (på en blid ikke-gyselig måde) mens du kommer med din pointe.

Øjet er faktisk *vinduet til sjælen,* og når du gør dette på en afvæbnende måde, vil dit publikum kunne se direkte ind i dig og fornemme din pålidelighed.

De vil finde dig magnetisk, og du vil føle det.

30. STEMMEN

Du vil gerne blive hørt.

Du vil gerne blive forstået.

Du vil gerne have dit budskab leveret tydeligt.

Din evne til at tale med en stemme der projicerer autoritet, selvtillid, entusiasme og en størrelsesorden, der tilføjer vægt til indholdet af det du siger.

Dette ønske resulterer dog i en almindelig bommert - individer der taler meget højt.

De vil gerne have, at deres stemme trænger ind, så de *skriger.*

> "Jo mindre folk ved,
> jo mere råber de."
>
> Seth Godin

At skrige dit budskab ud, vil ikke tjene dig. Det vil skade dit publikums ører og aflede opmærksomheden fra det budskab du havde til hensigt at levere.

Note: at tale for lavt vil også aflede dit publikums opmærksomhed. I stedet for at lytte til dit budskab, vil de vædde med hinanden om, hvad det er for nogle ord du mumler.

Du vil gerne have en kontrolleret stemme.

Du vil gerne have en tydelig stemme.

Du vil gerne have en pålidelig stemme - din stemme.

At fremføre en varierende stemme, vil hjælpe dig med at fremhæve dine hovedpunkter.

Glæde, tristhed, empati, lidenskab - alle kan blive formidlet med din stemme.

Forestil dig *det du siger* som om du skitserer billeder i dit publikums sind. Du har lagt skygger på dem med din kropsholdning, bevægelser og fagter. Din stemme er den, der giver farve og liv til disse billeder (*måden du siger det på*).

Så snart vi begynder at arbejde sammen, beder jeg mine klienter om at stoppe med at bruge deres *dovne kropsholdnings stemme*. Du ved, den kropsholdning (som påvirker stemmen) du har efter en lang dag.

Du hænger og har ikke lyst til andet end at slæbe dig hen på en sofa.

Ingen overfladisk tale (ved kun at bruge luften i din mund)

Du vil gerne have og har brug for en kraftig stemme, der kommer fra kernen.

Placér din hånd lige under brystkassen og mærk dig selv tale med dybe vejrtrækninger, der udvider mellemgulvet. Dette skulle få din hånd til at bevæge sig frem og tilbage (ikke op og ned).

Husker du mors lektion? Ti dybe vejrtrækninger inden du begynder at tale.

Vær særligt opmærksom på, at du projicerer din stemme fra dit mellemgulv.

Den vil føles underlig til at begynde med, men dette er din *ægte stemme* - din pålidelige stemme.

Med øvelse, vil du fængsle dit publikum med din pålidelige stemme.

Du vil have en fantastisk følelse af autoritet, kontrol og ro, når du taler fra sådan en dybde.

Dit publikum vil høre og opleve en bemærkelsesværdig forskel.

Velkommen til stemmen af din fremtid.

31. JEG VIL GERNE VÆRE OBAMA

Nej det vil du ikke (selvom Obama uden tvivl er en stor taler)

Men det vil du virkelig ikke.

Okay, jeg er ham det knuser dit hjerte (barsk kærlighed) og siger det ligeud.

Du vil *aldrig* blive Obama.

Hvis det gør dig i bedre humør - Obama kan heller aldrig blive dig.

Den fejl, som mange begår (og du ser det med piger der vrager sig selv med dårlige plastikoperationer), er at de gerne vil være en anden.

Du kan ikke være nogen anden end dig selv.

Lad være med at starte en diskussion du med sikkerhed vil tabe.

Det tætteste du nogensinde vil komme, er at være *'ligesom Obama'*. Og at være *ligesom* nogen, er ikke et kompliment.

Du kan ikke være bedre (eller slå) nogen ved at være dem, ligesom de heller ikke kan være en bedre dig.

Du kan kun blive den bedste, som du kan være.

Brug det du kan lide ved Obama som inspiration, ikke imitation.

Vær dig selv.

Lev som dig selv.

32. NÅR KLAPPEN GÅR NED

Hvad hvis du står deroppe og klappen pludselig går ned?

Vær ikke bekymret, Det sker.

"Den menneskelige hjerne begynder at arbejde fra det øjeblik du bliver født, og stopper ikke før du stiller op for at tale offentligt"

George Jessel

Jeg vil give dig to hurtige teknikker, der vil tjene dig for altid, når du taler offentligt.

a)   Første teknik er brugen af *udløsere.*

I den flydende strøm af din tidslinje, *vil udløsere* hjælpe dig med at genkalde og forbinde dine punkter. Du kan bruge enkelte eller alle de følgende teknikker, for at hjælpe dig med at levere med indvirkning.

i)   Levere dine punkter ved at lave en liste (1. 2. 3. 4. 5.).

ii)   Historier med vendepunkter (op- og nedture, der mentalt leder dig hen til næste scene)

iii)   Brugen af dine fingre (dette er en liste i fysisk form, der kan hjælpe med at samle tankerne igen).

iv) Kropsbevægelser (bestemte punkter og opstillede bevægelser i din tidslinje, vil få dig til at huske på hvad der kommer efterfølgende).

b) Den anden teknik vi har talt om, *at sætte nye ord på.*

Skift ordene på dit publikum, fra *ærkefjender* til *venner.*

Du er blandt venner.

Hvad er venner til for?

Tænk på at de siger Jerry McGuires ord, *"Hjælp mig, Hjælpe dig"*

Hvis din klap nogensinde går ned og du ikke har nogen som helst ide om hvor du nåede til, *indrøm det* - bed dit publikum om hjælp.

Jeg gør det. Og jeg bliver betalt for at tale.

Jeg har gentagne gange fortalt mit publikum, *"Ved I hvad, jeg må være en guldfisk, og jeg må være løbet tør for vand, for jeg har ingen anelse om hvad jeg lige sagde. Hvor nåede jeg til folkens?"*

Publikum griner (1 point), de ser min pålidelighed (1 point) og de deltager aktivt i at minde mig (og dem selv) om, hvad jeg lige sagde (1 point).

Pludselig, har du taget det de fleste er så bange for, og vendt det til din fordel.

Dette er fordelen ved at se dit publikum som venner.

Nå, hvor kom jeg fra? Selvfølgelig ☺

33. ANKOM FØR TID

Hvor skal du holde tale?

Undersøg opsætningen. Få en følelse for stedet. Gå en tur rundt.

Det er utroligt hvor meget dette træk alene, kan påvirke dit overordnede resultat positivt.

Uanset om det er dagen før eller en time før, vil det være nyttigt at have adgang til der hvor du skal levere din tale, at vide hvor du skal stå og tale, se opsætningen, få en følelse for størrelsen af rummet.

Dit sind vil lagre sammenhæng, følelse og omgivelser. Når du rigtigt skal i gang, vil dit sind se det som et kendt sted, og gøre dig mere tryg.

Vær især opmærksom på, hvad jeg siger som det næste.

Ved at ankomme før tid, har du mulighed for at være en *uofficiel* vært, mødes med deltagerne når de kommer ind, snakke med dem, komme på fornavn med dem og opbygge et sympatisk forhold.

Dette forstærker din sympati hos dem du får en forbindelse med.

Når folk kan lide dig, vil de have tillid til dig.

Når de har tillid til dig, vil de lytte til dig.

Det faktum, at du tager dig tid til at lære dem at kende, vil øge dine chancer betydeligt, for at de kommer til at kunne lide dig, have tillid til dig og når det kommer til stykket, virkelig lytte til dig.

"Du kan ikke lave en omelet uden at slå æg i stykker"

Talemåde

34. SKRÆDDERSYET

Få publikum med og gør dem til en del af det du siger.

Ligesom et tilpasset jakkesæt, er intet mere dragende end et tilpasset budskab.

Du vil skille dig ud og se skarp ud.

Dit budskab vil give genlyd blandt publikum. De vil føle forbindelsen.

Forsøg altid at forstå

1. Hvem dit publikum er?

2. Hvad er sammenhængen? Er der et brændende problem?

3. Hvorfor skal du tale?

4. Hvad er forventningen til dig, når du stiller dig op for at tale?

Stræb konstant efter at skræddersy dit budskab, ved hver lejlighed du får.

Eksempel A: Du kan lave et punkt hvor du takker dit publikum der har rejst langt for at være med til den internationale lancering af dit produkt, ved at sige *"Ligesom Tony Gonzales der har rejst hele vejen fra Mexico for at være hos os her i Malaysia, vil jeg gerne takke hver enkelt af jer for at tage jer tiden og gøre jer den ulejlighed, at komme* *her sammen med os i dag. Du vil elske fordelene som vores nye gadget vil bringe til dig og dine kunder."*

Eksempel B: Du repræsenterer måske din regering og leverer en pressemeddelelse til en "grøn energi" konference, der drejer sig om at udnytte vores ungdoms intelligens.

Når du ankommer tidligt, møder du en del deltager, hvor af en er en gentleman i trediverne, der tydeligvis er passioneret omkring emnet. Han fortæller dig om noget af det hans team beskæftiger med.

Som en del af pointerne i en tydelig godt udformet og klar tale, kan du indarbejde din samtale som et eksempel fra det virkelige liv, af din pointe.

"Jeg tror på at vi har uudnyttede mængder af energi fra naturlige kilder og mere vigtigt, fra talenter der er omkring os. Tag for eksempel Khalid, der delte nogle glimrende ideer med mig, som han og hans team har arbejdet på i det sidste års tid. Jeg vil helt sikkert følge op på det med ham, men jeg fortæller jer, muligheder og talenter er overalt omkring os. Vi skal simpelthen bare vågne op og være aktive om at søge det."

Husk: Vi alle sætter pris på at blive passet ind.

35. HÅNDTER ELEFANTEN

Hvis der er en elefant i rummet, så udpeg den.

Krise og afskedigelser? Oplys det.

Udfordringer forude? Oplys det.

Begåede fejltagelser? Oplys det.

En betydningsfuld dag i historien, nævn det.

Uanset om det er fjollet eller betydningsfuldt, må problemstillinger håndteres.

For nogle år siden var jeg på foredragsturne. På en konference i De forenede Arabiske Emirater, leverede jeg en hovedtale for en gruppe. 15 minutter senere fik jeg det første spørgsmål, som ikke havde noget med min hovedtale at gøre.

Den unge dame bagved fik en mikrofon og spurgte, *"hvor er din accent fra?"*.

På grund af min baggrund og mine omfattende rejser, bliver jeg anset for at have en sjov *ingenmandsland* accent.

Jeg troede at det var et lille og ubetydeligt aspekt. Men det var det ikke.

Det var en elefant der kom i vejen for mit budskab. En lektie, jeg lærte at håndtere i starten, før jeg leverer min hovedtale.

Nogle elefanter er større end andre.

Sæt dig i dit publikums sted.

Find ud af, hvad du ville tænke.

Har de nogle spørgsmål? Bekymringer?

Glans ikke over tingene. Håndter det på forhånd.

Warren Buffets holdingselskab Berkshire Hathaway (hvis enkelte andel normalt har et overskud på $100.000) har tendens til at begynde deres årsrapport med at fortælle deres investorer, hvor de har fejlet og oplevet udfordringer. Først derefter taler de om deres resultater.

Hvis dit publikum føler et problem, bør det nævnes, citer det.

Hvis du ikke gør det, vil du spilde din tid.

Dit publikum vil ikke kunne høre dig.

De kan ikke.

Der er en elefant i vejen.

"Intellektuelle løser problemer, genier forebygger dem."

Albert Einstein

36. ØVELSE ER OVERVURDERET

Nej det er ej.

Når du har struktureret dit budskab til at kunne flyde, er øvelse absolut vigtigt.

For mange år siden mødte jeg Sir Anthony Hopkins i Sydney. Denne mands utrolige tilstedeværelse i de roller han spillede, kom ikke bare fordi han mødte uforberedt op til optagelserne. Han ville gennemgå tidslinjen tusindvis af gange. Han blev bogstaveligt talt til de personer han spillede. Sådan var hans engagement til skuespil og tale.

Nu siger jeg ikke at du skal træde i karakter hver gang (eller, det burde du, hvis du har tiden til det), men indse at de største talere øver utrætteligt.

Jo mere øvet du bliver, jo mere tryg, selvsikker og kontrolleret vil du være.

Jo mere øvelse du har under bæltet, jo bedre tilpas vil du være med dit budskab.

Så kan dit fokus skifte til at levere med indtryk.

Alt hvad jeg har delt med dig i denne bog, vil sørge for at du øver med lethed.

De bedste politiske personer og administrerende direktører øver længe og hårdt. De finder tid mellem deres aftaler, for at få det presset ind. De gør det hele dagen, hele natten, i frokostpauser, mellem møder, når de går på gaden, i badeværelser, bogstaveligt talt overalt. Du ser måske mig går rundt i din by og tale med mig selv som en galning. Det er øvelse.

Se på komikere, de finder på nyt materiale og tester dem på lokale barer. De får deres feedback ved at se hvad der flyver, hvad der ikke gør, hvad der skal forbedres, hvad der skal smides væk.

Ved hver chance du får, øv dig.

Øv dig mentalt, fysisk, visuelt og vokalt.

Du kan ikke bare læse tekst og kalde det for øvelse.

Det hedder offentlig tale. Du er nødt til at tale.

Når du hører dig selv tale, finder du ud af hvad der skal ændres, hvordan dit indhold flyder, hvad der skal lægges til og trækkes fra. Det er forbløffende hvor meget du kan rette selv, bare ved at høre og føle dig selv tale.

Hvis du har tid, så få fat i nogle venner. Måske har du en kat, der må udholde nogle lidelser. Hvis alt andet fejler, så find noget unægteligt og troværdigt feedback - spejlet på væggen.

"Vær ikke bange for at tale med dig selv.

Det er den eneste måde du kan være sikker på, at nogen lytter."

F.P. Jones.

37. DOMMEDAG

Døm aldrig en bog på omslaget.

Og alligevel gør vi det alle.

Dit publikum vil dømme dig, om du vil det eller ej, om du har fortjent det eller ej.

Det er dit ansvar, at score så mange point du kan.

Her er nogle hurtige og nemme point du *må* score.

Dette blev inkluderet, fordi jeg den dag idag, forvirres over hvorfor almindelig sund fornuft, ikke virker til at være så almindeligt.

1. Se godt ud. Jeg burde ikke sige dette, men det gør jeg. Klæd dig ordentligt. Klæd dig på til begivenheden. Lign rollen. Hvis du er i tvivl, så gør lidt ekstra ud af det.

2. Duft godt - Igen det siger sig selv, at vi selv godt kan lide dem der dufter godt. Tag et bad lige før du skal afsted for at tale. Du er nødt til at være ren og frisk. At have en dårlig kropslugt er ubehagelig og distraherende for dit publikum.

3. Føl dig godt tilpas. Fra top til tå, klæd dig kun i noget du har det godt i. Tag ikke en silkeskjorte på til $300, hvis du er allergisk over for silke. Det betyder ikke noget, hvor meget du betalte eller hvor pænt det ser ud på film. Du vil gerne se godt

ud, ikke som en der prøver at kradse lopper væk fra sit bryst - *distraherende.*

38. TIDEN ER GÅET

Publikum klappede - *fordi de ville have ham væk fra scenen.*

Dit publikum vil ikke sætte pris på, at en salgspræsentation på 30 minutter ender med at vare 90 minutter, eller at en pressemeddelse på kun 8 minutter ender med at blive til 27 minutter.

Hold dig til tiden. Faktisk, så afslut *før* tid.

Ingen klager, når du bruger mindre tid.

Dit publikum vil sætte pris på, at du slutter til tiden eller før.

Den følelse du skal stræbe efter at efterlade hos dit publikum er, *"Jeg vil have mere".*

Uanset om du leverer en *tre minutters* forretningstale i et tv show, leder et bestyrelsesmøde eller taler på en scene, så hold dig til tiden.

Dette er et kriterium der ikke er til forhandling, for dit overordnede billede og ultimative resultater.

Efterlad dit publikum med et ønske om mere.

"Vær oprigtig, vær kortfattet, vær på plads."

Franklin Roosevelt

39. VISUALISER SUCCES

Visualiser at du leverer en stor tale.

Visualiser samspillet.

Se dit publikum klappe, fordi de nød din tale.

Publikum var engageret.

De forstod dit tydelige budskab og blev inspireret til at gøre noget (afhængigt at dit formål med talen).

Visualiser hele processen, med dig der har leveret din tale, fra start til slut.

Du triumferede.

Gentag denne visualiserings proces så mange gange som du kan.

Dit sind skelner ikke fakta fra fiktion.

Når det er tid til komme igang, vil din underbevidsthed sige, *Hey, det her ser bekendt ud. Vi har været her før. Jeg ved præcis hvad jeg skal gøre. Gi' den gas."*

"Der er altid tre taler, for hver af dem du faktisk gav. Den du øvede, den du gav, og den du ønskede at du gav."

Dale Carnegie

40. STIL DIG OP. TAL!

De vellidte, Martin Luther King, Winston Churchill og John F. Kennedy, fangede deres publikums fantasi, deres folk og deres nation.

De leverede deres budskab på en måde, der gjorde dem og deres budskab mindeværdige.

Du kan også gøre det samme, ligemeget hvem du er, og hvilken stilling du besidder.

Jeg nævner disse 'Store' fordi de startede fra et sted, der var for bekendt for de fleste af os.

Martin Luther King (MLK) rakte ud og klingede med sit publikum, ikke kun ved at læse ord. Han gav *liv* til dem. Han rørte folks hjerter og sind.

Dette kom ved øvelse. MLK modtog et "C" i hans debat klasse i college.

Winston Churchill (WC) inspirerede en nation. Ubekendt for mange, var han ikke en begavet taler. Han tilbragte timer, dage og uger på at øve og finjustere sine taler.

Hvis du vil vide det, led WC af svedige håndflader og anfald af tårer, når han skulle forberede sig til sine taler. Han stammede også.

John F Kennedy (JFK) arbejdede hårdt for at blive en mand der symboliserer en stor offentlig taler. Det kom med øvelse, træning og indsats.

JFK var en mand, hvis hænder og knæ ville *ryste* tidligt i hans karriere.

Den fælles tråd omkring disse *Store Talere* er, at de tog sig tid til at udvikle og finjustere deres færdigheder for at tale offentligt, gjorde det til en kunstart.

Du kan gøre det samme.

Træning, indsats, fokus, viden, øvelse - *for altid.*

Denne bog har givet dig en masse, til at begynde med.

Du kan kun blive bedre, levere bedre og føle dig bedre tilpas i situationen.

Lad dit budskab blive hørt. Tal!

"Bliv så god, at de vil være nødt til at bemærke dig"

Steve Martin

PÅ EN SKALA FRA 1 TIL 10

HVORDAN HAR DU DET NU MED

DIN EVNE TIL AT TALE OFFENTLIGT?

1   2   3   4   5   6   7   8   9   10

Ikke så selvsikker   Fuldstændig selvsikker

KAN VI HJÆLPE DIG OG DIN GRUPPE?

Stemme Projektion

Kropssprog

Skrive Taler

Præsentations Færdigheder Træning

Salgspræsentation Træning

Pressemeddelelse Træning

Scene Færdigheder

Medietræning

Spejling

TYPER AF TJENESTER INKLUDERER

Personlig en til en træning

Kommunikations og lederskabstræning for overordnede

Private workshops for grupper

Krisebehandling

Rådgivning i kommunikation

Bestillings forespørgelser:

Info@KevinAbdulrahman.com

"At udvikle fremragende

kommunikationsfærdigheder

er absolut væsentligt for effektivt lederskab.

Lederen må være i stand til at dele viden

og ideer for at udsende en følelse af

nødvendighed og entusiasme til andre.

Hvis en leder ikke kan trænge igennem med et

tydeligt budskab

for at motivere andre til at handle efter det, så

betyder det slet ikke noget at have et

budskab."

Gilbert Amelio

www.ingramcontent.com/pod-product-compliance
Lightning Source LLC
Chambersburg PA
CBHW070909180526
45168CB00005B/1985